¿Te asustan?
CRIATURAS ESPELUZNANTES

por Sneed B. Collard III

ilustrado por Kristin Kest

Charlesbridge

Un mundo — S.B.C.

Para Kira Peikoff — K.K.

Library of Congress Cataloging-in-Publication Data
Collard, Sneed B.
 [Do they scare you?. Spanish]
 ¿Te asustan?: criaturas espeluznantes/por Sneed B. Collard III;
ilustrado por Kristin Kest; [traducido por Mariflor Salas].
  p.   cm.
 ISBN 0-88106-423-8 (softcover)
 ISBN 0-88106-643-5 (library reinforced)
 1. Animals — Juvenile literature. [1. Animals. 2. Spanish
language materials.] I. Kest, Kristin, ill. II. Title.
 QL49.C67318 1994
 591—dc20   93-41497
                                              CIP
                                              AC

Impreso en papel reciclad

Impreso en Hong Kong
     (sc) 10 9 8 7 6 5 4 3 2 1
     (lb) 10 9 8 7 6 5 4 3 2 1

¿Te asustan?

La tierra es el hogar de millones de animales diferentes. Algunos de ellos nos gustan. Otros nos asustan. Otros nos repugnan. No importa cómo nos hagan sentir, cada animal es especial.

Inicialmente puedes pensar que este libro está lleno de criaturas espantosas, espeluznantes. Pero el aspecto o las costumbres de cada animal tienen un propósito: le permiten al animal vivir en su propio ambiente y de su propia manera.

¿Realmente asustan los animales de este libro? Si quieres saberlo, pasa la página.

TIBURONES

Los tiburones no lloran pero son sensibles. Sus ojos sensibles los ayudan a poder ver en ambientes muy iluminados o muy oscuros. Pueden sentir a otros animales que se mueven en el agua a distancias mayores de cien metros. Los tiburones son tan sensibles que incluso pueden percibir las corrientes de electricidad en el agua.

Los sentidos de un tiburón lo ayudan a ser un cazador diestro. Este tiburón tigre arenoso come principalmente cangrejos y peces pequeños.

A los tiburones no parece gustarles mucho el sabor de los seres humanos. Éstos, al contrario, se comen millones de filetes de tiburón cada año . . . ¡quizás los tiburones deberían tenernos miedo a nosotros!

PANGOLINES

Los pangolines no
son lo que queda de
los dinosaurios, ni tampoco
son lagartos de aspecto extraño. Más bien son como osos hormigueros con escamas.
Al igual que éstos, engullen insectos con sus lenguas largas y pegajosas. Las escamas
de un pangolín lo protegen de las picaduras de insectos y de animales más grandes.
Cuando se asusta, el pangolín se enrolla en sí mismo formando una bola apretada.
Desenrollarlo es como pelar una roca: ¡casi imposible!

TARÁNTULAS

¡Imagínate que estás viendo televisión con una tarántula a tu lado! En algunas casas de Suramérica se les permite a estos animales andar libremente para que coman insectos peligrosos y animales pequeños. Normalmente, el veneno de la tarántula no representa ningún peligro para la gente; ella lo usa para matar y digerir a sus presas. ¡Sin las tarántulas y otras arañas estaríamos muy pronto nadando en un mar de insectos!

HIENAS MOTEADAS

De repente, el silencio de la noche africana se rompe con una risa horrible, aguda: hay hienas rondando. Al igual que los leones, las hienas viven y cazan en grupos. Pueden reírse cuando están reunidas para comer, aunque nada divertido este ocurriendo. La risa es el medio que utilizan para comunicarse entre sí.

PIRAÑAS

Una piraña que se saca del agua puede arrancarle el dedo a un pescador con sus afiladísimos dientes. Sin embargo, cuando están en el agua raramente atacan a algo más grande que una rana. Para estos peces suramericanos una cena deliciosa está compuesta de cangrejos, peces, frutas, semillas e incluso flores. Sólo en las películas e historias míticas aparecen como seres peligrosos.

MURCIÉLAGOS

Los murciélagos le deben su mala fama a ciertas historias de terror acerca de criaturas imaginarias llamadas vampiros. Es cierto que hay murciélagos vampiros que beben la sangre del ganado, pero incluso ellos son útiles.

Los médicos los están
estudiando para encontrar
una cura para la gente que sufre de coágulos
sanguíneos y de ataques al corazón. Los murciélagos son los únicos mamíferos que
pueden volar. Son importantes porque ayudan a regular el número de insectos; un
murciélago puede comer 600 mosquitos en una hora. En Asia y África existen unos
murciélagos gigantes, comedores de frutas, llamados zorros voladores. Éstos esparcen
las semillas de los árboles de selvas tropicales; muchos árboles, arbustos y cactus que
florecen de noche se morirían sin murciélagos que los polinizaran.

BUITRES

El buitre no ganaría jamás un concurso de belleza, pero
resulta un buen eliminador de basura: se come animales
que se han muerto o que otros han matado. Un buitre puede
volar muy alto por horas. Cuando sus ojos agudos divisan a un
animal muerto, desciende en picada para comérselo.

La cabeza calva del buitre puede parecer extraña
pero es práctica, ya que las plumas de la cabeza
estorbarían cuando está devorando
un animal muerto.

PITONES

Los pitones son las serpientes más largas del mundo,
¡a veces alcanzan una longitud mayor de 9 metros!
Un pitón adulto piensa que un pollo, un pato,
o un cobayo constituyen una merienda
sabrosa, pero puede pasar varios meses
sin comer nada en absoluto.

Los pitones usan sus
poderosos músculos para
sostener a sus presas de
forma tan apretada que
éstas no pueden respirar.
Un pitón puede elevar la
temperatura de su cuerpo
apretando sus músculos
como si estuviera
estremeciéndose. Así es
como una pitón hembra
mantiene calientes a sus
huevos hasta que salen
del cascarón.

ANGUILAS MORENAS

Las anguilas morenas serían pésimas estrellas de
cine. La mayoría se esconde tímidamente en
rocas o arrecifes de coral. Parece como si
estuvieran a punto de morder, pero
es porque tienen que mantener
sus bocas abiertas para
respirar. Usualmente
una morena no ataca,
a menos de que un
buzo ponga su mano
dentro de la boca de
ésta. Aparentemente
la morena, que es
miope, confunde la
mano del buzo con un
pulpo pequeño, él cual es
su comida favorita.

TOPOS NARIZ ESTRELLADA

Es difícil que te encuentres con un topo nariz estrellada, a menos de que estés debajo de la tierra. Este animal camina por el suelo con sus grandes patas frontales. No necesita ojos; en cambio, él encuentra su comida con los 22 tentáculos, parecidos a dedos, que tiene alrededor de su nariz. ¡Imagínate aprender a contar con 22 dedos!

DRAGONES KOMODOS

Los dragones komodos son los lagartos más grandes del mundo.
Crecen hasta 3 metros de largo, desde el hocico hasta la cola. Se
cree que estos animales viven hasta cincuenta años, pero nadie
está seguro de ésto. No hay una forma precisa para
determinar la edad de estos dragones,
y ellos nunca celebran fiestas
de cumpleaños.

El enorme tamaño de estos animales les permite cazar y comer cualquier cosa, desde saltamontes hasta cabras. Usan sus lenguas para oler la comida, y su sentido del olfato es excelente. Sin embargo, no hay que preocuparse: usualmente huyen cuando huelen a seres humanos, y únicamente te olerán si vas a una de las seis pequeñas islas de Indonesia en donde viven.

RAYA ELÉCTRICA

¡ZAP! Los peces reciben una
verdadera descarga eléctrica
de las rayas. La raya se desliza
silenciosamente sobre un pez
dormido y lo aturde con una
sacudida eléctrica. Entonces la raya
da una voltereta sobre su presa aturdida.
Esta vuelta no es un salto de felicidad,
más bien le ayuda a engullir su comida.

ESCORPIONES

Los escorpiones no son amistosos, pero tampoco te atacarán. Muchos de ellos viven en madrigueras que ellos mismos cavan con sus tenazas, patas y colas. Una vez que se mudan a sus madrigueras, pasan allí la mayor parte del tiempo.

Una vez debajo de la tierra, el escorpión está a salvo tanto del sol caliente como de depredadores tales como pájaros, lagartos y otros. El escorpión utiliza el aguijón de su cola para protegerse de animales más grandes y para paralizar los insectos y arañas que se come.

DASIUROS

Si te encuentras con un dasiuro de orejas rojas ¡ten cuidado! Cuando se ve arrinconado, este marsupial resopla, escupe, chilla y gruñe como un monstruo enorme.

En realidad sólo es un animalito tímido, con una bolsa como la de los canguros. Los dasiuros comen mamíferos, pájaros, lagartos e insectos. También les gusta estar limpios. Después de comer se lavan las manos y les dan una buena restregada a sus caras. No hay nada que les guste más que bañarse y luego disfrutar del sol caliente.

MEDUSA

La medusa navega hacia donde sople el viento. Su disco en forma de globo está lleno de gas, lo cual le permite flotar. Utiliza sus tentáculos para atacar y capturar a su presa. Aun así, hay un pez al cual no ataca: se llama pez sifonóforo. La medusa es como una fortaleza flotante para los peces pequeños, resguardándolos de sus hambrientos enemigos.

CALAMAR GIGANTE

Es tan largo como dos
autobuses escolares, y sus
ojos son del tamaño de los platos
de una vajilla. Tiene 8 brazos, y de su
cabeza salen 2 tentáculos. ¿Viene este animal
de otro planeta? No, pero sí vive a miles de
metros de profundidad en el océano.

El calamar gigante come peces y calamares más pequeños. Para librarse de cachalotes y otros enemigos, puede confundirlos soltando un chorro de tinta negra. También reacciona ante el peligro cambiando de color en un instante. Los científicos están estudiando el sistema nervioso de los calamares para comprender mejor cómo funciona el sistema nervioso de los seres humanos.

Al igual que el calamar gigante, los peces tragones y los peces víboras viven en grandes profundidades del océano, donde el ambiente es muy oscuro. Ellos atraen a sus presas con luces en sus cuerpos; cuando alguna criatura curiosa se acerca a la cola resplandeciente de un pez tragón ¡GLUP! éste lo engulle en un instante. Gracias a sus mandíbulas enormes, tanto los peces tragones como los peces víboras pueden tragarse animales más grandes que ellos mismos. Con una boca así ¿quién necesita una cesta de merienda?

ESCARABAJOS GOLIAT

Es un abridor de latas . . . es un vehículo blindado . . . ¡No, es un escarabajo goliat! Con más de 15 centímetros de largo, estos animales parecen como si nunca pudieran despegarse del suelo. Pero sus alas son más grandes que las de un gorrión; son buenos voladores, y producen un ruidoso zumbido cuando vuelan. En África, los niños pasan horas jugando con estos enormes insectos.

SANGUIJUELAS

Las sanguijuelas no son precisamente los héroes de ningún cuento, pero tampoco son los villanos. Éstas primas lejanas de las lombrices de tierra viven en lugares pantanosos. Algunas chupan sangre, pero las picadas de sanguijuela no duelen. Las sanguijuelas producen calmantes, de forma que los animales no se enteren de que los han picado.

Los médicos usan estos calmantes y muchas otras sustancias químicas de las sanguijuelas para ayudar a curar a la gente enferma.

JABALÍES VERRUGOSOS

Los jabalíes verrugosos son los animales más impredecibles de las llanuras africanas. Usualmente son pacíficos; pueden pasar la mitad del día de rodillas para estar cerca del suelo y mascar la hierba.

Sin embargo, cuando se sobresaltan o se asustan atacan a sus enemigos con sus largos colmillos. Sus dientes afilados, su velocidad y su mala reputación son sus defensas en contra de perros salvajes, leones y leopardos. Nadie sabe por qué los jabalíes verrugosos tienen esos extraños bultos o verrugas, pero probablemente sirven para proteger sus ojos y mandíbulas durante una pelea.

CENTOLLOS

Los centollos lucen como si fueran arañas salvajes. Estos animales se mueven sobre el suelo marino con sus cinco pares de patas. Las patas frontales extra largas tienen pinzas que les permiten agarrar mariscos y plantas para comer. Ellos mismos se adornan colocándose algas y esponjas vivas sobre sus caparazones. Los tiburones y otros cazadores no pueden distinguirlos muy bien cuando están disfrazados de esta forma.

BABOSOS TRITURADORES DE HUESOS DIENTES DE ACERO

Los babosos trituradores de huesos dientes de acero son criaturas asquerosas, horribles. Ellos matan cualquier cosa, y entonces cantan y bailan alrededor de sus desafortunadas víctimas. La manera en la que ellos matan es realmente espantosa.

Cuando tú no estás mirando se te acercan por detrás sigilosa- mente, entonces te bañan con baba hasta que, bueno, tú sabes.

Menos mal que . . .

¡en realidad no existe ningún animal parecido a los babosos trituradores dientes de huesos de acero!

De hecho, no existen animales cuyo único propósito sea el de asustarnos, hacernos daños o causarnos repulsión. Para poder vivir en este mundo, cada criatura necesita encontrar comida y defenderse; necesita de un sitio en donde vivir y desarrollar su vida. Si entendemos cómo un animal hace estas cosas, aprenderemos cuán especial es cada uno de ellos. No importa cuánto miedo nos den inicialmente, cada criatura depende de sus propias mandíbulas, tentáculos, aguijones, dientes, escamas, tamaño y destrezas para poder sobrevivir.

¿Te asustan todavía? Ahora ya sabes que no hay razón para tenerle miedo a ningún animal!

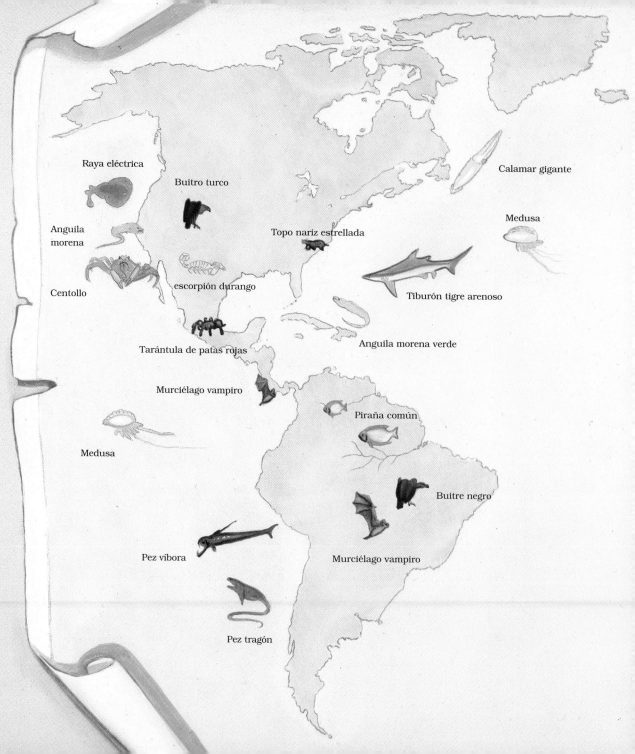

Raya eléctrica

Buitro turco

Calamar gigante

Medusa

Topo nariz estrellada

Anguila morena

Tiburón tigre arenoso

Centollo

escorpión durango

Anguila morena verde

Tarántula de patas rojas

Murciélago vampiro

Piraña común

Medusa

Buitre negro

Pez víbora

Murciélago vampiro

Pez tragón

Sanguijuela

Calamar gigante

Escorpión negro

Triturador de huesos
(ni aquí ni en ninguna parte)

Escorpión dorado

Buitro africano
(Griffon de Rüppell)

Anguila morena

Sanguijuela

Pangolín de árbol

Pez víbora

Pangolin gigante

Hiena moteada

Pitón reticulado

Escarabajo goliat

Jabalí verrugoso

Dragón komodo

Anguila morena verde

Tiburón tigre arenoso

Calamar gigante

Dasiuro